들었다

# 들었다

문인육필 김민정 시집

月刊文學 출판부

# 문인육필 김민정 시집 『들었다』를 펴내며

이 문인육필 시집 한 권을 기획하고 실행하여 세상에 내놓기까지 꼬박 1년이라는 시간이 걸렸습니다.

긴 준비의 시간을 지나 책으로 결실을 맺게 되니, 마치 대나무가 단단한 마디를 맺고 새로운 성장을 준비하는 순간처럼 벅찬 감회를 느낍니다. 이번 『들었다』의 발간은 저 개인에게는 물론, 함께 참여해주신 많은 문인들에게도 뜻깊은 문학적 사건이라 생각합니다.

이 작업의 시작은 소박했습니다. 사무실에 오시는 원로 문인들께 제 시조 작품을 한 편씩 받아 시집 1권을 만들고 싶었습니다. 그것이 확장되어, 무려 150분 문인들의 육필 원고를 담아낸 소중한 시집으로 태어나게 되었습니다. 이 책은 단순한 시조 모음집이 아니라, 한 시대 문인들의 육필과 숨결, 그리고 문학의 진정성을 고스란히 전하는 기록물입니다.

바쁘신 중에도 기꺼이 원고를 써주신 모든 문인 여러분께 깊은 감사를 드립니다. 문인들의 손끝에서 전해지는 육필의 향기와 진솔한 정성이 이 책 속에 살아 숨 쉬고 있음을 느낍니다. 이 시집이 독자들에게 오래도록 사랑받으며, 우리 문학의 뿌리와 향기를 이어가는 데 기여하기를 소망합니다.

이번 작업을 통해 저는 문학이란 곧 신뢰와 나눔, 그리고 겸허함 위에 세워지는 것임을 다시금 배웠습니다. 많은 문인님들이 보내주신 뜨거운 신뢰와 성원이 있었기에 가능했던 일입니다. 그 믿음은 저에게 삶과 문학을 더욱 깊고 넓게 바라보게 하는 새로운 힘이 되었습니다.

다시 한번 귀한 작품으로 참여해주신 모든 문인님들께 감사의 인사를 드리며, 여러 사정으로 이번에 함께하지 못하신 분들께는 다음 기회를 기약합니다. 아울러 이 책을 집필·편집·제작하는 과정에서 애써주신 모든 분들께도 깊은 감사의 마음을 전합니다.

『들었다』가 문학인과 독자들 모두에게 오래도록 향기로운 만남의 책으로 기억되기를 바라며, 참여해주신 모든 분들의 건승과 문운을 기원합니다.

2025년 9월 잠실벌에서

김민정(金珉廷)

# 새로운 변화를 예고하는 김민정 시인의 바람

김호운(한국문인협회 이사장)

문학 작품이 스스로 생명력을 가지고 새로운 길을 만들기에 문학이 예술로 불린다. 문학은 작가의 사유 공간에서 일어난 감정이 사물과 만나 새로운 세상 하나를 만든다. 맨부커상을 받은 인도 작가 아룬다티 로이는 "작가가 사물을 만나는 게 아니라 사물이 작가를 선택한다."라고 말했다. 작품의 객체가 되는 '사물'이 준비된 작가를 알아보고 선택한다는 것이다. 작품이 생명력를 가지고 재생산한다고 여겼던 문인들에게 신선한 충격을 주는 발상이다. 문학 작품이 스스로 생명력을 갖는다는 말과 그리 다르지 않으나 상대의 언어로 대상을 바라본다는 시선의 변화가 놀랍다. '상대의 언어'를 이루는 대상은 사물만을 의미하지 않는다. 사람과 사람과의 관계도 이처럼 상대의 언어로 바라본다면 훌륭한 인간관계를 형성하게 될 것이다. 모름지기 문인은 사람과 자연을 탐구하여 예술 작품으로 빚는 분들이다.

김민정 시인에게 이런 안목이 보이는, 우리 문단에서 보기 드문 행사를 그가 기획했다. 150여 명이 넘는 원로, 중견 문인들에게 자신의 작품을 육필로 받아 '문인육필 김민정 시집' 『들었다』를 펴낸다. 이와 함께 '문인육필 김민정 시인 작품 전시회'도 동시에 개최한다. 문인육필 전시회는 이미 다양한 형태로 있어 왔기에 낯설지 않으나 한 시인의 자선(自選) 작품을 우리 문단을 대표하는 원로 중견 시인·시조시인·민조시인·소설가·희곡작가·평론가·수필가·청소년문학가·아동문학가 등의 문인들에게 직접 육필로 받아 전시하는 일은 아마 우리 문단에서 처음 시도하는 일이 아닌가 싶다. 150여 명이 넘는 우리 문단의 대표 문인에게 직접 육필로 쓴 작품을 받는 일도 어렵거니와 그것도 개개 본인들이 자기 작품이 아닌 김민정 시인의 작품을 육필로 써서 건네주는 일은 예사로운 공력과 성의가 아니고서는 힘든 일이다. 기획이 훌륭하다고 해서 이런 일을 하긴 어렵다. 이 어려운 일을 해낸 건 김민정 시인이 그동안 동료 문인들과의 인맥 관리가 매우 폭넓으며 그만큼 우의를 잘 관리하고 있다는 증표다.

　'문인육필 김민정 시집' 『들었다』의 표제가 된 김민정 시조

「들었다」는 개인적으로 매우 좋아하는 작품 가운데 하나며 작품성이 훌륭하다. 사석에서 농담 반 진담 반으로 "나중에 김민정 시인의 대표작이 될 만하다"고 한 적이 있다. 물론 한 문인의 대표작은 더 이상 작품을 창작할 수 없을 때, 작가 자신이 아닌 타인에 의해 만들어진다. 그러하므로 타인으로부터 이런 말을 들었음으로 정상에 가까이 탑을 쌓은 셈이다.

'문인육필 김민정 시집'『들었다』가 독자들에게 큰 사랑을 받기를 바라며, 이번 작품집 출간과 '문인육필 김민정 시인 작품 전시회'가 김민정 문학세계에 큰길을 만들기를 기원한다.

문인육필
김민정
시집

# 들었다

내 생의
어느 갈피
네가 날린 하얀 미소

저 연보라 꽃잎 같아
저 행운의 꽃잎 같아

슬픔도
눈이 부셔어
차마 차마 눈 못 뜨는

이천이십오년 사월 오일
김민정 시조 「행운의 꽃잎」을
희곡작가 강 준 쓰다

🔴 강 준 희곡작가 · 소설가
등단: 1987년《월간문학》희곡 신인작품상
자선작품집: 희곡집 『랭보, 바람구두를 벗다』
　　　　　　장편소설 『말은 욕망하지 않는다』

터 낮게
좀 더 참고
흘러가야 만나는 길

눈앞에 펼쳐지는 전경을 에두르며

비로소
눈 뜨는 아침
한바다가 보인다


이천이십오년 사월 오길
김민정 시조 「햇키」를
문학평론가 강경호 쓰다.

강경호 시인·문학평론가
등단: 1992년《현대시학》시,《문학세계》평론
자선작품집: 시집『잘못 든 새가 길을 낸다』
          평론집『서정의 양식과 흔들리는 풍경』

삼척 해변 노을빛이
가슴으로 스며 감

바다와 시혼도 만나
하얼각 향기 되었나

젊은날 아련한 불빛
섬이 되어 떠 있다

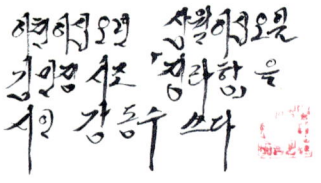

● 강동수 시인
등단: 2009년 계간지《시와산문》
자선작품집: 시집『누란으로 가는 길』

흰 거품
물고오는
한 마리 물새였네.

오장육부
드러내며
온몸으로 와서 우는
내 곁에
혹류로 빛날
그때 한 많 가슴속

이천이십사년 십일월 십삼일
김민정시조 「바다」를
시인 강우식쓴다

🔴 강우식 시인
　　등단: 1966년《현대문학》
　　자선작품집: 시집 『무심』

뽀얀 기운
서려오는
지 미지의 순수 속을

말랑한
숨결이 되어
유영하고 싶은, 한 때

환하게
점멸등 켜듯
내 안의 너를 켠다

이천이십오년 사월 오일
김민정 시조「점멸등」을
서래헌 강 인순 쓰다

🟠 강인순 시조시인
　등단: 1985년《시조문학》창간25주년기념지상백일장 장원
　자선작품집: 시조집『사진 한 장』

한 잔,
네 속에는
아침이 들어 있다

신선함, 풋풋함, 삽상함, 설레임

향처럼
피어 오른다
온 몸 가득 퍼진다

이천이십오년 사월 오일
김민정 시조 「커피가 있는 아침」을
시인 강정수 쓰다

강정수 시인·문학평론가
등단: 1962년 시집 『은엽』
자선작품집: 시집 『보일러가 터졌다』

물감 처럼 풀어놓은

옅보라빛 그리움이

송이송이 등 밝히고

하늘 속에 드러나는

화창한 사월 하루가

꿈결처럼 흐르네

이천 이십 오년 사월 오일
김 민정 시조 「등꽃 피는 날」을
시인 강정화 쓰다

● 강정화 시인
등단: 1984년 월간《시문학》
자선작품집: 시집『우물에 관한 명상』

26

청초한 꽃망울을
　　　축축축 적시면서

그대 가만 내릴 때면
　　　세상 참 아늑해라

천지엔 환희가 트네
　　　눈부셔라 아, 봄날

　　　이천이십오년 사월 오일
　　　김민정 시조 「봄비, 그대」를
　　　시인 공광규 쓰다

● 공광규 시인
　　등단: 1986년 월간《동서문학》신인상
　　자선작품집: 시집『담장을 허물다』

들숨과 날숨 사이
바람의 갈피에서

네가 피었듯이
순간에 피는 저 꽃

실바람 오랜 포옹에
한 몸으로 포개진다

이천나십오년 여울에오칠일
김민정 시로 「꽃과 나」를
시인 구재기 쓰다

구재기 시인

등단: 1978년 《현대시학》 추천

자선작품집: 시집 『모시올 사이로 바람이』

28

초록잎 웃음소리
봄비를 간질인다

딱딱하고 냉랭한 것
어르고 다독이듯

마른땅. 뜨거운 입맞춤
열렬하게 한편이다

이천이십오년 사월○일
김민집 시조 「이른봄날아침」을
수필가 권남희 쓰다

● 권남희 수필가
　등단: 1987년《월간문학》수필 신인작품상
　자선작품집: 수필집『그대 삶의 붉은 포도밭』

실선으로 뜨다가
점선으로 잠기다가

밀물이 되었다가
썰물이 되었다가

저 혼자
잠드는 바다
수평선이 부시다

이천여십오년 삼월 이십팔일
김민정 시조 「햇잔 속의 바다」를
시인 권달웅 쓰다

● 권달웅 시인
등단: 1975년《심상》
자선작품집: 시집『고삐』

꽃이 본 창밖 풍경
내 안으로 끌어온다

적당한 거리 유지
안전을 확보하듯

유리창
사이에 두고
오고 가는, 꽃과 나

이천여섯이던 사월 오일
— 김민정 시조 「투사」를

소설가 권비영 쓰다

● 권비영 소설가
등단: 1995년《신라문학 대상》
자선작품집: 장편소설『덕혜옹주』

만사형통 관통석을
책상위에 올려놓고

오며 가며 관통하라
눈 맞추고 인사하다

진실은 저리 환하게
하나되어 보이는 것

이천 이십오년 유월 이십오일
김민정 시조 「통通」을
시인 권용태 쓰다

● 권용태 시인
등단: 1958년《자유문학》
자선작품집: 시선집 『바람에게』

적막 강산

꽃 피우며

생으로의 긴 긴 여행


천 년을 넘나드는

저 깊은 바람을 뚫고


언제쯤

휘파람 불며

건너갈 수 있을까

이천이십오년 정월 십이일
권민정 시조 「인생」을
시조시인 권혁모 쓰다.

● 권혁모 시조시인
등단: 1984년《동아일보》신춘문예
자선작품집: 시조집 『첫눈』

긴 길이면 더 좋아라
너와 함께 가는 길은

만남과 이별 잦은 우리들의 생애에서

아직도
익숙지 못해
숨 고르지 못한 나는

이천이십이년 삼월 이십육일
김빈정 시조 「함께 가는 길」을
시인 김 영 쓰다

● 김 영 시인
　등단: 1995년《자유문학》
　자선작품집: 시집『파이디아』

34

하늘도 여기 와선
제 얼굴을 알아 본다

구름의 둥근 뒷켜
슬쩍슬쩍 비춰보고

나 또한
못다한 안부
목청껏 물어 본다

이천여섯오년 사월 오일
김민정 시조 「천지에 와서」를
시조시인 김 전 쓰다

● 김 전 시조시인·문학평론가
   등단: 1986년 《현대시조》
   자선작품집: 시조집 『겨울 분재』

쩌엉쩡 금이 간다
오랜 날 기다림 끝

아슴아슴 눈을 뜨는
갯버들 솜털의 봄

햇살에 감전된 고요
볼그족족 꽃눈 뜬다

이천이십오년 사월오일
김민정 시조 「해빙기」를
소설가 김건중 쓰다.

● 김건중 소설가
등단: 1979년《월간문학》소설 신인작품상
자선작품집: 소설집『바람 가르기』

하늘은 구름 만길
아래는 벼랑 천길

맨발의 유리 길목
걸어간다, 떠서 간다

한 생도 무중력인 양
두 어깨가 들썩인다


이천이십오년 사월 이십칠일
김민정 시조「유리잔도 – 천문산에서」를
시인 김경식 쓰다

🟠 김경식 시인

등단: 2000년《조선문학》
자선작품집: 시집『논둑길 걸으며』

낮은 곳만 찾아드는
흘러 가는 물줄기로

엎드린 하늘빛은
한가득 품습니다

수줍은 어미이가며
발자국 세어가며

마침 기업자년 김광자임
김민정 〈이후以後〉글
鶴泉 書 김광자 쓰다. ✕째

🔴 김광자 시인
등단: 1992년《월간문학》시 신인작품상
자선작품집: 시집『그 하늘 아래』

너와 집 코클에서
관솔불이 타던 밤은

웅성이던 겨울바람
그도 잠시 물러나고

가만히
숨죽인 산골
함박눈만 쏟아졌다

희천 이집오면 사월오월
김민정 시조 「눈은 내려 쌓이고」를
아동문학가 김남희 쓰다
김남희

● 김남희 아동문학가

등단: 1991년 《아동문학연구》

자선작품집: 동화집 『친구, 내 친구 만들기』

제비보다 먼저 오신
까치 너댓 마리

봄을 종종 물고 와서
풍경 끝을 기웃댄다

무슨 말 전하려는가
꽁지깃이 바쁘다

이천이십오년 사월 오일
강민정 시조「봄까치」를
시인 김년균 쓴다

김년균 시인·수필가
등단: 1972년 월간《풀과별》시,《현대문학》수필
자선작품집: 시집『사람을 생각하며』
　　　　　　수필집『사람에 관한 명상』

파란 하늘
한 자락이
사르르 내려온다

단풍 물든
산 하나가
파르르 떨려온다

참 느린
깨달음 하나
둥그랗게 앉는다

이천이십오년 사월오일
김민정 시조 「가을 호숫길」을
희곡작가 김대현 쓰다

● 김대현 희곡작가
등단: 1994년《한국일보》신춘문예
자선작품집: 희곡집 『…하구요』

41

# 차를 끓이며

시간들이
고여와서
잘박대며 잦아든다

둥글게
물이 들어
와글대는 저녁창에

뉘인가
휘파람 소리
빈 찻잔을 울린다

시-김민정
글씨-김명수

● 김명수 시인
등단: 1982년 《현대시학》 추천
자선작품집: 시집 『질경이꽃』

직립의
곧은 길을
여기 와 나는 보네

구차함도
망설임도
거느리지 않는 몸짓

뉘 위한
간절한 기도
저렇게 쏟아내나

이천이십오년 사월 오일
김민정 시조 「정방폭포」를
시인 김민정 쓰다

김민정 시인(시조)·수필가
등단: 1985년《시조문학》창간25주년기념지상백일장 장원
자선작품집: 시조집『펄펄펄, 꽃잎』
　　　　　수필집『사람이 그리운 날엔 기차를 타라』

바람도 반취인가
갈밭길에 술렁인다

높을 대로 높은 하늘
저도 잠시 취하는지

흰구름 몇 송이 뜯어
제 멋대로 널어 놨다

이천이십오년 사월 오일
김민정 시조「가을 덧생」을
시조시인 김복근 쓰다

김복근 시조시인

등단: 1985년《시조문학》추천

자선작품집: 시조집『천지빼까리』

비울 것 다 비워낸 가벼운 몸짓으로

가지 사이 이는 바람
그도 모두 보내놓고

비로소
참뭇 하늘 한 장
펼쳐드는
저 선사(禪師)

🟠 김선길 시인 · 시조시인
등단: 2021년《월간문학》시조 신인작품상
자선작품집: 시집 『나무 아래 바람으로』

개나리 진달래가
앞부뻐 핀 언덕에

그대와 내가 서면
세상은 참 환한 봄

꽃길을
걸으며 걸으며
하루해가 저문다

이천이십오년 이월 이십일
김인경 시조 「꽃길」을
시인 김선아 쓰다

● 김선아 시인
등단: 2005년《대한문학세계》
자선작품집: 시집『바다술병』

언제라도
결정이다
이 아침 나팔꽃은

나 또한
마찬가지
언제라도 결정이다

이렇게
푸름이 내게
사무치게 안긴다면

이천이십오년 사월二일
김민정 시조 「유월을 묻다」를
소설가 김성달 쓰다

김성달 소설가

등단: 1988년 《한국문학》에 작품 발표

자선작품집: 소설집 『이사 간다』

깃털보다
가볍게
나는 법을 연구 중

무쇠보다
무겁게
갈앉는 법 연구 중

인간의 인간을 위한
사랑법을 연구 중.


이천이십오년 삼월 이십삼일
김민정 시교 「나는 지금」을
詩人 金松培 쓰다.

김송배 시인
등단: 1983년 월간《심상》
자선작품집: 시집 『지워진 흔적 남겨진 여백』

내가
그대
품을 동안
그대 이미 내 앞에 와

소곤 소곤
귀엣말로
환한 미소 터트리네

순결한
맑은 영혼을
내게 불어 보내네


이천이십오년 사월 오일
김민정 시조 「매화 향기 바람에 날리고·3」을
시인 김순진 쓰다


🟠 김순진 시인

    등단: 1984년 시집 『광대 이야기』

    자선작품집: 시집 『더듬이주식회사』

교정을
돌아오는
쑥꾹새 울음 속에

잊혀진 얼굴들이
초저녁 별로 뜨고

달로히
쌓이는 추억
살길은 칡뿌리란다


이천이십오년 사월 오일
김민정 시조 「옛교정에 서면」을
소설가 김영두 쓰다

🔴 김영두 소설가
등단: 1990년 소설집 『바다는 넘치지 않는다』
자선작품집: 소설집 『푸른 달』

마알간
햇빛 속을
자박자박 걸어온 봄

마중하듯 답청하듯
그 앞에 마주 서면

피어날
붉은 동백꽃
귓속말도 보인다

2025. 4. 5
김민정 시조「마중한 봄」
시조시인 김영재 쓰다

🔴 김영재 시조시인
등단: 1974년《현대시학》
자선작품집: 시조집『화답』

헤아려 볼 수 없는
생각들을 쏟아낸다

이만큼이면 욕심을 들이
저렇게 많았다네

끝없이
터지는 물포탄
한여름의 전쟁이다

이것은 이성 모아 심혈을 구안
강변서 시조 「분우分雨」
강 외종

🔴 김우종 문학평론가 · 수필가
　등단: 1957년《현대문학》
　자선작품집: 수필집『김우종에세이 전작집』
　　　　　　 평론집『순수문학 비판』

그렇게    살아갈게
그렇게    사랑할게

조금은 모자란듯 다 채우지 않을게
덜벙도 공간이 있어야 출렁이지 않겠어


이천이십으년    사월 오일
김연정 시조 「그렇게」를
민조시인    김운중 쓰다.

🔴 김운중 민조시인
  등단: 2006년《월간문학》민조시 신인작품상
  자선작품집: 민조시집『지구행』

풍향계가 돌아간다
꽃망울이 또 터진다

사랑의 이름으로
그대가 내게 올 때

천지간
켜지는 불빛
세상은 초록이다

이천 이십 오년 삼월 이십삼일
김민정 님 시조 `신호등`을
김원길이 쓰다.

🔴 김원길 시인 · 수필가
등단: 1971년《월간문학》시 신인작품상
자선작품집: 시집 『내 아직 적막에 길들지 못해』

오래 참고 견디느라
단단해진 속살에는

농축된 가을향이
하마 터질 듯하다

부르면
달려와 줄 너
그 열흠도 얼버쿤라

이천이십오년 사월 오일
김민정 시조 「모과」를
시인 김유제 쓰다

김유제 시인
등단: 2000년《문예사조》
자선작품집: 시집『밤 하늘에는 별강이 흐르고』

아직은
잊히기엔
너무 빠른 시간이다

너하 내가,
우리들이
꿈 꾸어 온 많은 날들

순간도
영원 같아서
꺼안고만 싶었다

이천기삽오면 사월 오밀
김만정 시조 「아직은」을
수필가 김윤숭 쓰다

🔴 김윤숭 시조시인 · 수필가

등단: 2009년 《시조문학》

자선작품집: 시조집 『지리산문학관문창궁』

강 건너
마을에는
불빛이 피어나고

하늘에는
성근별들
하나 둘을 돋을 무렵

그리운
그대 얼굴 같은
강변 하얀 갈대꽃

이천이십오년 사월오일
김민정 시조「작별의 한 때」를
시조시인 김일영 쓰다

🔴 김일영 시조시인

등단: 2010년《시조문학》

자선작품집: 시조집『툇마루에 뜨는 달』

하늘무늬 바람
구름무늬 은月
그대향기 하늘컬러
숨막혀 오는 날은
속눈썹 다듬어가며
뭉치는 나의 땀아

이천여덟 사월九일
김병학
글 늙은이 위하여 른
시인 / 청소년문학가 김정학 쓰다

🔴 **김정학** 시인 · 청소년문학가
등단: 2006《문학 · 선》신인상
자선작품집: 시집 『그리운 아무르강』

물소리를 읽겠다고
물가에 앉았다가

물소리를 쓰겠다고
절벽 아래 귀를 열고

사뭇쳐 와글거리는
내 소리만 들었다.

이천 이십 사년 십 일 월 사 일
김민정 시도 「들었다」를
아동문학가 김 종 상 쓰다

---

🔴 김종상 아동문학가 · 시인
    등단: 1960년《서울신문》 신춘문예 동시
    자선작품집: 동시집 『흙손 엄마』

이제 나
장강(長江)이고 싶네
그대 속을 흐르는

한 줄기
청사(靑史)이고 싶네
출렁이는 물살도 없는

저물녘
바다에 닿는
푸르고 넓고 깊은

이천 이십오년 구월 십일일
김민정 시조 '이제 나 장강이고 싶네'를
문학평론가 김종회 쓰다

🟠 김종회 문학평론가

등단: 1988년 《문학사상》

자선평론집: 『영혼의 숨겨진 보화』

밤새 내 길에서
뒤채던 물안개가

웅크린 어둠 물며
환하게 문을 연다

목덜미 붉어오는 아침
꽃잎마다 해가 뜬다

이천이십 모년 사월모일
김진정 시를 '늙은 꽃'을
소설가 김지연 쓴다

🔸 김지연 소설가

등단: 1968년《현대문학》

자선작품집: 역사장편소설집 『논개(전3권)』

봄빛이 출렁이면
초록물결 반짝이면
너에게로 달릴테야
사랑을 가득 안고
풋풋한 네 영혼 깊이
상록수를 심을테야

이천이십오년 사월이십이일
김민정 시조 「봄이면」을 쓰다.
- 민조시인 김진중

김진중 민조시인 · 소설가
등단: 1995년 《자유문학》
자선작품집: 민조시집 『사촌시편』

가지마다 가득 돋은
푸른 봄을 보고 왔다

남해 통영 달아공원
이른 봄의 청매향기

마음에
실어온 봄빛
온 사울에 풀어 봤다

이천이십오년 구월 십일일 김민정 시조
달해 봄빛을 시인 김창완 쓰다

🟠 김창완 시인
등단: 1973년《서울신문》신춘문예
자선작품집: 시집『안동일기』

아직도 그곳에선
내 사랑 피어날까

연연한 그리움을
출렁이던 시간들이

눈부신
연분홍 꽃담불로
되어나고 있을까

2025년 7월 1일
김민정 시인 「양수리 연밭에는」을
시인 김호길 쓰다

字山金虎聿章

🔴 김호길 시조시인 · 번역가
　등단: 1967년《시조문학》
　자선작품집: 시조집『절정의 꽃』

색안경을
벗어 놓고
세상을 볼 일이다

스쳐가는
바람의 말도
새겨 들을 일이다

생각을
되새김하여
가다듬을 일이다

이천이십사 년 삼일월 삼일
김민정 시조 「시인은」을
소설가 김호운 쓰다

● 김호운 소설가
등단: 1978년《월간문학》소설 신인작품상
자선작품집: 소설집 『사라예보의 장미』

눈물을 잠여우고
한세월 보내셨을

어머니 에이는 눈빛
자리마다 물들이네

상머리
두텁떡 같은
그 아들이 여기있네

이천이삼오년 삼월 멱하우
김민정 시로 「봉우당 진단되」을
소설가 김홍신 쓰다

김홍신 소설가
등단: 1976년 《현대문학》
자선작품집: 소설집 『인간시장』

첫눈 오면 달려가리
그대에게 달려가리

펄펄펄
온 몸위로
첫눈 내려 쌓일 동안

첩첩첩
온 마음 위엔
그대 사랑 쌓으리

이천이십오년 사월십일
김민정 시조「첫눈 오는 날을
시인 김훈동 쓰다

○ **김훈동** 시인·수필가
등단: 1965년《시문학》시, 1998년《수필문학》수필
자선작품집: 시집『틈이 날 살렸다』

품에
최후의 날
껴안고
맞은 죽음

천 년
시간 밖을
거슬러 와
여기 누움

너와 나
살핀줄 속에
다 못 감은
눈길 속에

이런이상으로 사랑으로
김민정 시조 「화석」을
아동문학가 남진원 쓰다

● 남진원 아동문학가
등단: 1977년《아동문예》
자선작품집: 동시집『가을바람과 풀꽃, 그리움에게』

소나무 두 그루가
비스듬히 바라보다

곁 기댄 마음 밭에
너을 너을 다가와서

마침내 소나무 두 그루가
이마까지 맞댄 것


이천 이십 2년 이월 이십칠일
검변집 시조 '그리움이란'을
詩人 노 창 수 쓰다

● 노창수 시인 · 시조시인
   등단: 1973년《현대시학》시, 1991년《시조문학》시조
   자선작품집: 시조집『조반권법』

네 고독
그 절정은
순도가 얼마일까

네 고독
그 빛깔은
채도가 얼마일까

네 침묵
그 뜨거운 파문
명도는 얼마일까

이천 이십오년 구월 십일일
김민정 시조 「고독의 순도」를
시인 도 종 환 쓰다

● **도종환** 시인
등단: 1984년 시집 『고두미 마을에서』
자선작품집: 시집 『흔들리며 피는 꽃』

돌 속에 시간들이
너부죽이 엎드린다

창 끝에 바람 꿰고
사냥꾼은 달려오고

아직도
자맥질 하는
고래가 살아 있다.

이천이십오년 구월 십일일
김민정 시조 "그림 일기 - 반구대 암각화 -"를
평론가 류해춘이 쓰다.

● 류해춘 시인 · 시조시인 · 문학평론가
  등단: 1993년 시조사화집《상아탑의 여운》, 2001년《인문비평》평론
  자선작품집: 평론집 『21세기 한국문학의 길찾기와 소통의 미학』
        시집 『아버지의 과수원』

맑은 실핏줄에
스민 햇살 짜릿하다

대보름 귀렴 깨듯
껍질 속 봄을 열면

내 소원 다 들어주듯
맨 먼저 트는 움 날

이런 이름오면 삼월 삼월날
김민원 시로 「광물 보는」 등
시로 시인 ○○들 쓰기

**문무학** 시조시인·문학평론가

등단: 1982년 《월간문학》 시조 신인작품상

자선작품집: 시조집 『낱말』

마음 속
굴렁쇠 하나
천천히 굴려 가며

저공으로 날고 있는 금빛 시간의 오아시스

둥글고
둥글고 싶어
풍동처럼 나를 깎는 밤

이천 이십오년 사월 십오일
김민정 시조 「굴렁쇠 굴리는 밤」을
아동문학가 문삼석 쓰다

🟠 문삼석 아동문학가
등단: 1963년《조선일보》신춘문예 동시
자선작품집: 동시집 『산골 물』

펼치면
온 우주를
다 덮고도  남지요
오므리면
손바닥보다
작은 것이 되지요
마음과
마음 사이에서
웃고 울며 살지요

2025. 3. 9
김민정의 「마음 한장」
을 쓰다
문효치

● 문효치 시인
등단: 1966년《한국일보》《서울신문》신춘문예 시
자선작품집: 시집 『사랑이여 어디든 가서』

생각의 입자들이
잠시
충돌한다

발설하지 못한 말과
이미 뱉은 말들 사이

달리다,
주춤거리다,
제자리로 돌아온다


이천이십오년 사월 오일
김민정 시조 「늦둠」을
시인 박경희 쓰다

● 박경희 시인·소설가
   등단: 2006년《조선문학》시, 2025년《월간문학》소설
   자선작품집: 시집 『비탈에 선 자작나무』

양지 쪽에
불쑥 불쑥
봉우물이 예쁜 소녀

갸웃 갸웃
환한 마음
서둘러 온 봄나들이

보랏빛 고운 자태가 눈부시게 상큼한


이천 이십 오년 사월 십오일
김 민정 시조 「제비꽃 산책」을
아동문학가 박 상 재 쓰다

🔸 박상재 아동문학가 · 문학평론가
등단: 1981년《아동문예》동화, 1984년《한국일보》신춘문예 동화
자선작품집: 동화집『원숭이 마카카』, 평론집『동화시의 매력』

마애석불
홀로 앉은
도솔암 댓돌 위에

흰 고무신 한 켤레 누구를 기다리나

그리움
뒷짐 지고서
눈만 내리 감은 날


이천이십오년 사월 그믐
김민정 시인의 단시조
〈도솔암 적요〉를 새벽개벽
박시교가 옮겨서 읽다

🔴 박시교 시조시인
  등단: 1970년《대구매일신문》신춘문예 시조
  자선작품집: 시조집『아나키스트에게』

가을의 등줄기로
단풍이 타고있다
갈근갈근 밟히며 온
삶의 질긴 근육들이

물든다
물들다 못해
지친 발을 씻는다

이천이십사년 삼일월 삼칠일
김민정 시조 「기원 썰악」을
문학평론가 박양근 쓰다

🔴 **박양근** 문학평론가 · 수필가

등단: 1993년《월간 에세이》수필

자선작품집: 수필평론집『문학 속 두 이야기』

고요한 길목에서
아득히 길을 매며

봉오리 꿈이 한 채
그 안에 내가 들면

오슬히 구름꽃 피우고
깨금발로 가는 봄날

이천이십오년 구월 십일일 김민정
시조「꽃 섬에서」를 시인 박영교 쓰다

박영교 시인 · 시조시인
등단: 1975년《현대시학》시조
자선작품집:『우리 어디쯤 가나』

들고픈 이야기들
아직도 많고많아

자꾸만 쫑긋대며
귓바퀴를 모아본다

바람도
못 참겠다고
숲에 들어 팔랑인다


이천이십오년 사월 오일

김민정 시조 「아지랑이」를

시인 朴永河 쓰다

● 박영하 시인
  등단: 1987년 시집 『의식의 바다』
  자선작품집: 시집 『박영하 국영문 시선』

새들처럼 날아가든
불이 되어 떨어지든

그건 너의 자유라고
너무 쉽게 말하지 마

한 번쯤
이렇게 서서
망설이지 않았다면

이천이십오년 사월 오일
김민정 시조 「독도 앞에」를
시인 박재형 쓰다

---

🔴 **박재형** 아동문학가 · 시인

등단: 1983년《아동문예》동화, 2022년《월간문학》시 신인작품상
자선작품집: 동화집『검둥이를 찾아서』

청산을
넘지 못해
물소리로
우는 강물

강물을
건너지 못해
바람소리
우는 저 산

아득히
깊고도 푸른 정
한 세월을 삽니다

2025. 6. 20
김민정 시조 「어타연 계욕」을
시인 박철언 쓰다

박철언 시인 · 수필가
등단: 1995년《순수문학》
자선작품집: 시집『바람을 안는다』

내 사랑
청보리처럼
풋풋하면 참 좋겠다

오 월의
하늬 햇살
싱그럽지 일렁이면

네 안에
늘 푸름으로
살았으면 참 좋겠다

이천아홉오백 삼월 이십삼일
김민정 시 「청보리처럼」
수필가 백 영웅 쓰다

백영웅 시인 · 수필가 · 사진작가
등단: 2009년《한국문학예술》
자선작품집: 시집『연애편지 100통 짜리』

눈 쌓인 영축산에
보름달이 오시는밤

그림자 검은 나무에
일렁인다 흰 옷소매

그 누구 다녀가시나
날숨으로 부는 바람

이천이십오년 사월 십이일

김민정    짓고
성 파    쓰다

성 파 화가·옻칠공예가·조계종 종정
※ 시조명 「백월(白月)」, 성파스님 그림
'백월(白月)'을 보고 지은 작품임.

늦은 비 지나가자
오소소, 지는 단풍

빗속에 숨은 별들이
땅 위로 내려온 듯

미리내
환한 배 한 척
십 일월을 저어 간다


이천이십오년 사월오일
김민정 시조 「별꽃」을
소설가 손영목 쓰다

● 손영목 소설가
등단: 1974년 《한국일보》 신춘문예 소설
자선작품집: 『거제도, 포로수용소』

창밖으로 내리는 비
창안의 마음이 젖네

꽃들은 피었다 지고
봄날은 제 홀로 길어

그리움 빗물을 타고
흘러흘러만 가는데

이천이섭오년 수원섭일엔
김민정시조/봄비 내리는 날을 지조신
설아 신웅순 쓰다

● 신웅순 시조시인 · 문학평론가 · 서예가
등단: 1985년《시조문학》
자선작품집: 시조집 『어머니』

천 만 겹 물결이든
만 만 겹 햇살이든

우리의 한 순간이
그대로 영원이다

달밤에 너를 꿈꾸는
여기, 내가 있으니

이천이십사년 십이월 십구일
김민정 시조 「편지」를
아동문학가 신현득 쓰다

🟠 신현득 아동문학가
    등단: 1959년《조선일보》신춘문예 동시
    자선작품집: 동시집 『온 세상이 고마운 것뿐』

마음은

걸어놓는

황태덕장　황태처럼

부풀었다 깨졌다고

깨졌다가 또 부푸네

꿈꾸는

자유, 그 언 땅

어디쯤에 있는가

이천십오년 삼월 이십사일
김 인정 시집 「흐름」을
시인 심상옥 쓰다

● 심상옥 시인
　　등단: 1982년 시집 『그리고 만남』
　　자선작품집: 시집 『미안한 저녁이 있다』

비 내려도
바람 불어도
꺼지지 않을 불씨 되어

언제든 어디서든
그대 향해 활활 타오를

가슴에
불일불 하나
간직하며
살고 싶은

이천이십오년 사월 이십일
김민정 시조 「불꽃이고 싶은」을
시인 안상근 쓰다

● 안상근 시인
등단: 2004년《현대시문학》
자선작품집: 시집 『하늘 반 나 반』

산자락 더듬으며
걸어오는 저 발자국

하루하루 셈을 하듯
초록을 덮어준다

하늘도
가벼운 얼굴
콧등에 앉은 오월


이천이십오년 삼월구일
김민정 시조 「봄봄」을
아동문학가 엄기원 쓰다

● 엄기원 아동문학가
등단: 1963년《한국일보》신춘문예 동시
자선작품집: 동시집 『그리운 시골 초가집』

꽃눈은 허기를 익혀
내 앞에 되나 본다

코끝을 들이미는
바람의 향기 사이

제으른 눈을 비비며
기지개 펴는 햇살


이천이십 오년 사월 오일
김민정 시조 「우수雨水」를
시인 엄창섭 쓰다

● 엄창섭 시인
등단: 1977년《시문학》
자선작품집: 시집『어머니의 교훈』

꽃잎과
꽃잎으로
바람에 떨어수다가

불씨 묻은
재처럼
따뜻한 미련이다가

마음만
스름스름 앉는
깨지 편한 꿈이다가

이흔이옥으면 임현 이삼밀
김인정 스는 「서천 반흐」는
민묘서민 서운동 인가

🔴 여윤동 민조시인
등단: 1995년《자유문학》민조시 신인상
자선작품집: 민조시집『신송바라밀』

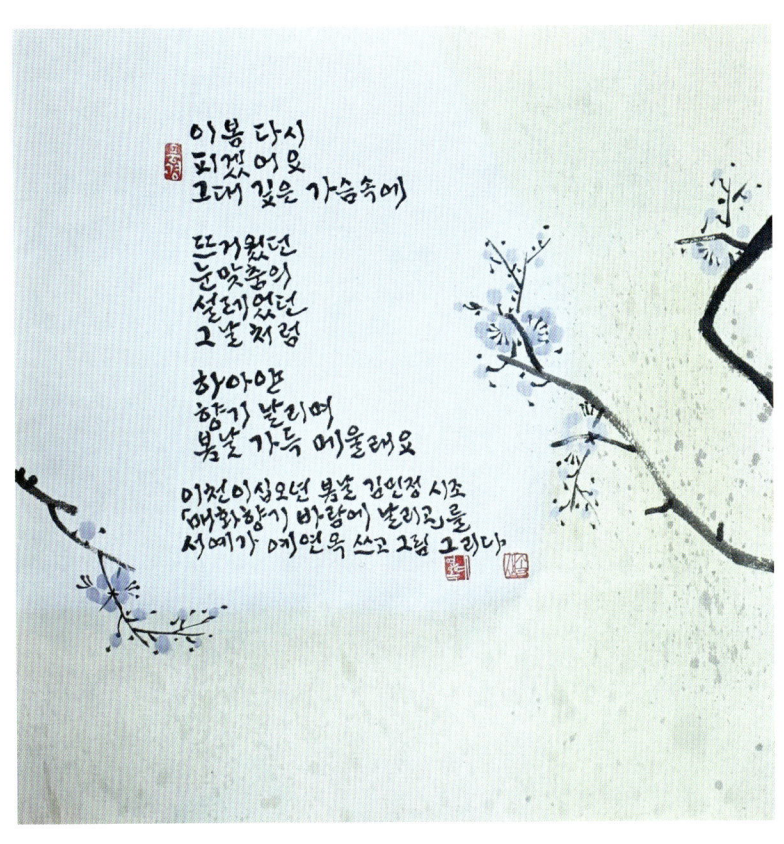

이봄 다시
피겠어요
그대 깊은 가슴속에

뜨거웠던
눈맞춤의
설레었던
그날 처럼

하아얀
향기 날리며
봄날 가득 머물래요

이천이십오년 봄날 김인정 시조
「매화향기」 바람에 날리리를
서예가 예연옥 쓰고 그림 그리다.

🔴 예연옥 시조시인 · 서예가
등단: 2010년 《나래시조》 신인상
자선작품집: 시조집 『자향먹』

천지인 그 사이에
우리 말이 우뚝 솟아

음수율과 음보율이
물결처럼 실렁인다

민족혼
일께워 내는
시조 삼 장
우리 핏줄

이천이십오년 삼월 삼일
김민정 시조 「겨레의 힘」을
시조시인 오동춘 쓰다

🔴 오동춘 시조시인 · 수필가 · 평론가
등단: 1972년 시조집 『짚신사랑』
자선작품집: 시조집 『짚신정신과 솔뼈세얼』

그 날의 만세소리
나의 창 흔들었다

세월은 파란만장
파도처럼 넘나들고

참았던
깃발을 든다
아침이 나부낀다

이천이십오년 삼월구일
김민정 시조 「다시 삼일절」을
아동문학가 오순택 쓰다

오순택 시인·아동문학가
등단: 1966년《시문학》추천
자선작품집: 시집『그 겨울 이후』

말하고
싶었었다
고백하고
싶었었다

그러나
그러나
그러나
그러나

너무도
너는 순수했고
푸르렀고
맑았다

이천이십오년 사월 온하루
김민정 시조 「오월」을 시조시인 오종문 쓴다

● 오종문 시조시인

등단: 1986년 사화집 『지금 그리고 여기』로 작품활동

자선작품집: 시조집 『봄 끝 길다』

눈부시게
쏟아지는
저 무량의 가을 햇살

나비처럼
팔랑이는
저 노오란 은행잎

불처럼
타오르고 있는
저 빠알간 단풍잎


이천이십오년 사월 이십오일
김민정 시조 「그리움의 빛깔」을
시조시인 우형숙 쓰다

● 우형숙 시조시인 · 번역가
등단: 2001년《월간 한국시》
자선작품집: 시조집『괜찮아』

어쩌라고  어쩌라고
봄부터  물이 드나

연초록 우리들 꿈
미처 다 피기 전에

잡은 손 불타오른다
저 단풍도 뜨겁다

이천이십오년  사월 십오일
김민정 시조 「단풍나무 아래서」를
수필가 원준연 쓰다

● 원준연 수필가

등단: 2005년 《수필문학》

자선작품집: 수필집 『이순의 경지는 어찌하여』

지상의 길이랑 길
한꺼번에 볼려는다

제 뼛속 의 내들은
깎아내는 깎아낸 길
지나를
날들의 제면,
...으로 서 있는 나

이천이십이면 사근 삼곳집
...시즌 1백량 넓...
...가 유 성 호 쓰다.

🔴 유성호 문학평론가

　등단: 1992년《실천문학》

　자선작품집: 평론집『서정의 건축술』

우리들 거리두기
아랑곳 하지 않고

날마다 저 하늘은
푸른 손을 씻고 있다

바람도 목적을 젖히며
나보란 듯 나부낀다

이천이십오년 삼월 구일
김민정 시조 「초여름 인사」를
유자효 쓰다

유자효 시인·시조시인
등단: 1968년 《신아일보》 시, 《불교신문》 시조
자선작품집: 시집 『세한도』

시₀ 타래 톨에 가득
엉긴 나를 톨에 기며
수도 없이 일어나는
생각을 깎고 훑ᅧ
정수리 한가ᄋᆫ데 를
깟이하ᄂᆫ 세운다

이천이십이년 이월 이십칠일
김민정 시조 '싹독*이을 유재영 쓰다―

🔶 유재영 시인·시조시인
등단: 1973년《시조문학》《현대시학》《신동아》등에
      시와 시조 발표
자선작품집: 시집『구름농사』, 시조집『느티나무비명』

그대와
내가 있어
달도 별도 빛납니다

그대와
내가 있어
꽃도 새도 예쁩니다

그대와
내가 있어서
행복의 나라 있습니다

이천아십사년 삼인원 삽삼일
김미정시조 '행복의 나라,를
수민과 유혜자 쓰다 사애홍국

● 유혜자 수필가
등단: 1972년《수필문학》
자선작품집: 수필집『자유의 금빛 날개』

진한 커피

한 모금

네 생각을 마신다


궁금함을 삼킨다

그리움을 삼킨다


영롱한

사리 한 방울

내 안에서 커 간다


이천이십오번 삼월 이십일

김민정 시조 「커피 한 모금」을

아동문학가 윤보영 쓰다

윤보영 시인

등단: 2009년《대전일보》신춘문예 동시

자선작품집: 시집『세상에 그저 피는 꽃은 없다』

뺨 붉은
주전 바다
파도 또한 둥글다

때 살을 깎고 깎아
몽돌이 된 돌의 시간

몸과 몸
부딪쳐 얻은
푸른 목청 가다듬고

이천이십오년 사월 오일
김민정 시조 「주전 바다는」을
아동문학가 윤영훈 쓰다

윤영훈 시인 · 아동문학가
등단: 1992년 《창조문학》 시, 1998년 《월간문학》 동시 신인작품상
자선작품집: 시집 『별을 잃어버린 그대에게』
　　　　　동시집 『함께하면 좋잖아』

내 생의
중심에는
언제나 네가 있다

하늘보다 높게높게
물보다도 낮게낮게

있는듯
너는 없었고
없는듯 너는 있었다

이천이십오년 사월 오일
김민정 시조 「생의 한 가운데서」를 쓰다
문학평론가 有山 윤재근

윤재근 문학평론가

등단: 1968년 《문화비평》

자선작품집: 평론집 『樂論(악론)』

코 끝을 간질이며
풀 향기가 안겨든다

폭발하는 장미향기
각혈하는 꽃양귀비

달빛도
비탈길 건너
오월밤을 품는다


이천이십사년 삼월염 이십일밤
김민정 시조 「무단출입」을
소설가 이광복 쓰다

● 이광복 소설가
등단: 1976년 《현대문학》 추천
자선작품집: 소설집 『만물박사(전3권)』

# 가을 밤

맑고 깊게 울리는
선율처럼 무르익다

익을수록 외면해져
스스로 둥글어져

속절차 텅텅 비워 가는
저 겸허한 삶의 방식

2025. 9. 11
김민정 시는 가을밤을
이길원 시인 쓰다

🔴 이길원 시인

등단: 1991년《시문학》

자선작품집: 시집『감옥의 문은 밖에서만 열 수 있다』

유명산
갈대밭 위
가을이 지나간다

날개는 쉴 줄 몰라
그칠 줄 몰라도라

단 한
허공을 가르며
새 한 마리
날고 있다

이천이십오년, 사월 구일
김민정 시조 「세월」을
소설가 이동희 쓰다

🔴 이동희 소설가 · 문학평론가
등단: 1963년《자유문학》소설
자선작품집: 소설집『단군의 나라』
　　　　　　평론집『현대 소설의 이해』

사십 촉 전구알을
환히 켜든 꽃봉오리

어느 봄 밝히겠고
자옥록이 앉는 걸까

한밤중 어둠 물리고
낙목한천 꽃등 켜든

이천이십일년 삼월 이십칠일
김민정 시 「자목련」을
선가 이병렬이 쓰다.

🟠 이병렬 소설가 · 시인
　등단: 1978년 월간《소설문예》신인상
　자선작품집: 소설집 『아주 특별한 하루』
　　　　　　장편소설 『흐르는 강물처럼』

蘭 송이 두엇

시조 김민정

綠源 李相範書

春蘭香

꽃샘잎샘 다 넘어 온 거룩한 봄의 얼굴

둥근 그 향 받쳐드는 꽃대들의 안부인가

양각된 시간이 핀다, 봄향 가득 정여 있다.

● 이상범 시조시인

등단: 1963년《시조문학》천료, 1965년《조선일보》신춘문예

자선작품집: 시조집『새』

밤이슬 지는 소리
발치에 매달린다

지금껏 무얼 하며
예까지 왔느냐고

한밤내
쓰르라미 울음
내 키를 쓸고 있다

이천이십오년 유월 삼오일
임민정 시조 「산책 한 마리」를
시조시인 이서연 쓰다

● 이서연 시조시인
등단: 1991년《문학공간》
자선작품집: 시조집『내 안의 그』

바람결에 안겼다가
그 바람을 뱉는 꽃잎

수천의 나비 떼가
나래를 펼쳐 놓아

하늘 다 가려놓았다
빈틈없이, 저 벚꽃!

이천이십오년 삼월 이십삼일
김민정 시조 「꽃천지」를
수필가 이성림 쓰다

---

🔴 이성림 수필가 · 문학평론가
등단: 1992년 《문예사조》 수필
자선작품집: 수필집 『마음으로 마음 만나기』

하늘과 땅의 경계
이곳에 와 지워낸다


저만큼 걸어가면
우주에 닿을 듯한


우유니* 초현실 세계
육각형의 이야기

★볼리비아의 지명

이천이십오년 구월 십칠일
김보정 시조「소금 사막」을
시조시인 이솔희 쓰다

이솔희 시조시인·문학평론가
등단: 2002년《경향신문》 신춘문예에 시조
자선평설집: 『전통성과 현대성의 조율 미학』

얽히고 설켜사는
나를 꼭. 닮아있다

따져보면 꼭 필요한
버릴 것 하나 없는

정리를 하면 할수록
후회가 더 늘어나는

이천 이십오년 사월 초하루
김민정 시조 「가방」을
시인 이승은 쓰다

● 이승은 시조시인
등단: 1979년《KBS 전국민족시대회》장원
자선작품집:『분홍입술흰뿔소라』

영롱한

별빛보다

더 빛나는 아름으로


천 년

또 천 년

애잔하게 흐느끼라도


이 목숨

푸른 현으로

울리고만 싶던 날

이천이십오년 삼월 이십삼일

김민정 시조 「사랑하고 싶던 날」을

시인 이승하가 쓰다.

이승하 시인·문학평론가

등단: 1984년《중앙일보》신춘문예에 시

1989년《경향신문》소설

자선작품집: 시집『사랑의 탐구』, 평론집『욕망의 이데아』

〈시조〉

산수화에 붙여

김민정·글

나무도 바위도
골짜기도 개울 물도
모두 좋다 반아들일
뿌리 넓은 품속 있나
검정이 흐르던 구름도
불러와서 안아주는……

詩人 共榮 李洋雨

● 이양우 시인

등단: 1965년《시문학》

자선작품집: 시집 『짧은 인생 긴 영혼』, 장편소설 『전생파일』

116

널 보며
생각한다
세월이 둥글다는 걸

널 보며
생각한다
세상이 둥글다는 걸

생명을
키우는 힘은
둥긂 속에 있다는 걸


이천이십오년 사월 오일
김민정 시조 「몽돌을 위한 명상」을
시인 이 연희 쓴다

🔴 이연희 시인
등단: 2013년 월간 《모던포엠》
자선작품집: 시집 『우측방향 45도』

아슬아슬 피어나도
뜻 있는 곳 길 있으리

십 리 바람길에
쏟아지는 햇살 따라

욕탈한 불씨 모시듯
꽃씨를 받는 오후

이천이십오년 삼월구일
김민정 시조 「꽃씨를 받는 오후」를
시인 이영춘 쓰다

● 이영춘 시인
등단: 1976년 《월간문학》 시 신인작품상
자선작품집: 시집 『노자의 무덤을 가다』

이 저녁,
그대도 볼
노을빛이 참 곱군요

비바람 천둥 번개
안으로 다려 태운

한 생애,
붉은 고독이
발목 깊이 와 젖는

이천이십오년 사월 오일
김인정 시조 「노을」을
수필가 이예지 쓰다

🔴 이예지 수필가

등단: 1996년《자유문학》

자선작품집: 수필집『그리움 오려 두고』

산수유 빨간 열매
가득한 가지 위로

떼 지어 온 직박구리
한 참을 지껄거리더니

노랗게 꽃잎을 연다,
세상 이치 알 것 같다

이천이십오년 사월 오일
김민정 시조 「신통한 일」을
부이사장·소설가 이은집 쓴다

🔴 이은집 소설가 · 방송작가 · 작사가
　등단: 1971년 소설 창작집 『머리가 없는 사람』
　자선작품집: 소설집 『트롯 킹 국민가수』

최초의 말씀 같은
하얀한 이 둘레

내게 와 벙그는 건
눈부신 그대 독소리

영원한
내 입맞춤 속
봄은 다시 피어난다


이천 이십오년 구월 구일날
김민정 시조 「목련」을
시조시인 이정자 쓴다

🔸 이정자 시조시인·문학평론가·수필가
등단: 1992년《시조문학》시조
자선작품집: 시조집 『기차여행』

꽃, 그 순간

하늘의 벅찬 숨결
그대로 땅이 받아

홀로된 꽃대궁도
꽃씨를 받아들다

순간은 모두 꽃이다
내 남두도 그렇다

김민정 꽃, 그 순간 2015. 4. 17 이지엽 쓰다

🔴 이지엽 시인 · 시조시인

등단: 1982년《한국문학》시, 1984년《경향신문》시조

자선작품집: 시조집 『해남에서 온 편지』

잘 마른 빨래들이
우쭐우쭐 춤을 춘다

바지랑대 높이 올라
구름 한점 곁에 놓자

한 무리 고추잠자리 떼
제 집인 듯 찾아든다


이천이십사년 해○
김민정 선생의 시를
축하 이채형이 쓰다

🔴 이채형 소설가
등단: 1984년 《소설문학》 신인상
자선작품집: 소설집 『사과나무 향기』

후드득
후드득
마음을 때리는 비

더 넓게 이해하고
더 깊게 사랑하고

마침내
강물이 되어라
큰 바다에 이르라

서천이십오년 칠월삼십일일
김민정의 시조 〈장마〉를
시인 이향아가 쓰다

이향아 시인
등단: 1966년 《현대문학》
자선작품집: 시집 『모감주나무 한 그루 서 있었네』

아무 눈치
보지 않고
송두리째 피는 것

아낌없이
남김없이
봄날 가득 메우는 것

자장면
황홀한 뒤꿈치
분홍물이 뚝뚝, 진다

이천이십사년 삼일월 이십팔일
김민정 시조 「절정」을 시인 이혜선 쓰다.

이혜선 시인 · 문학평론가
등단: 1981년《시문학》추천
자선작품집: 시집『시간의 독법』

내 마음
활주로에
너는 뜨고 내리는가

시간의
하얀 축루
밤하늘을 닦는 동안

가슴엔
스멀거리는
별이 하나 돋았다


2021년 4월 어느 봄날
김민정의 시조 「그리고, 별」을
시인 임보가 옮겨 적다.

● 임 보 시인
등단: 1962년 《현대문학》
자선작품집: 시집 『산상문답』

동해 바다 환히 펼친
백두대간 그 마루에

넉넉히 하늘 품어
앉아 계신 근조할배

구절초
가득 핀 가을,
조금씩 베어 낸다

김민정 시인의 '벌초'를
이천 이십오년 삼월구일
임병호가 쓴다

🔴 임병호 시인 · 아동문학가
등단: 1965년《화홍시단》
자선작품집: 시집 『강』

네 안에서
내가 자라
내 안에서
네가 자라

비 그친 하늘 아래
유월처럼 아름다운

우리는
어우러진 나무
이루어질 숲, 그늘


이천이십오년 사월 오원
김민정 시조 「우리 사랑은」을
시조시인 임성구 쓰다

● 임성구 시조시인
등단: 1994년 《현대시조》
자선작품집: 시조집 『고함쳐서 당신으로 태어나리』

눈 씻고 귀 닫으며
한 밤을 비운 날은
내 발목을 움켜쥐던
수많은 이정표 둘이
어둠을 마름질 하며
제 길을 열어간다

이천이십오년 사월 십오일
　김민정 시조 '지샐 녘)을
수필가 友酎(우주) 林洙弘(임수홍)글

🔴 임수홍 시인·수필가
　등단: 2005년 월간《시사문단》
　자선작품집: 시집『인생·65』

아랫녘은 푹푹 빠져
발목이 다 잠겨도

바람들이 다져놓은
언덕으로 오를수록
단단한 울음의 뼈가
문양으로 드러난다

이천 이십오년 사월 십오일
김민정 시조 「모래 울음을 찾아」를
시인 장건섭 쓰다

● 장건섭 시인

등단: 1978년《생명시》

자선작품집: 시집 『소록도 가는 길』

누구의 슬픔이
저리 깊이 내리는가

누구의 그리움이
저리 깊이 꽃피는가

가슴속
흥건한 적요
자욱자욱 밟는가


이천이십오년 구월 십일일
임진강 시조 「비, 그리고…」를
시조시인 장기숙 쓴다

● 장기숙 시조시인
등단: 2003년《열린시학》
자선작품집: 시조집『물푸레 나무』

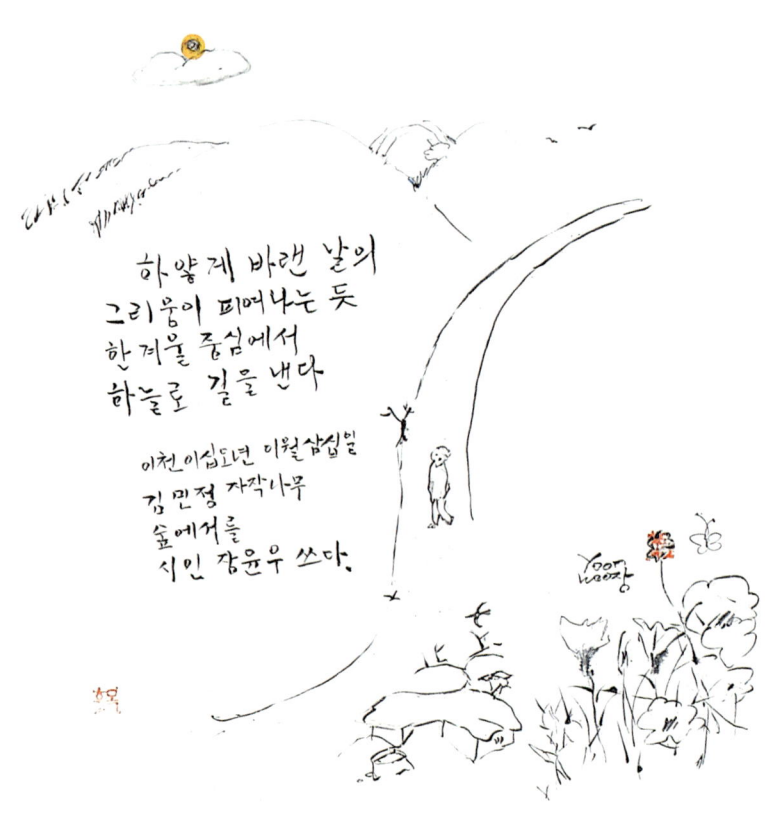

하얗게 바랜 날의
그리움이 피어나는 듯
한 겨울 중심에서
하늘로 길을 낸다

이천 이십오년 이월 삼십일
김 민정 자작나무
숲에서를
시인 장윤우 쓰다.

● 장윤우 시인

　등단: 1963년 《서울신문》 신춘문예 시

　자선작품집: 시집 『종이로 만든 여자』

　※ 그 손짓/ 살아갈 날들/ 내일의 꿈만 같다 (「자작나무 숲에서」 종장)

시간들이
고여 와서
잔뜩 대껴 잦아든다

둥글게
풀이 들이
바를대는 저녁 침에

뉘 인가
휘 파람 소리
긴 창잔을 울린다

이천 이십사년 십일월 십일로
김민정 시전 화를 끊이께를
시인 張在先 쓰다

● 장재선 시인

등단: 2007년《시문학》

자선작품집: 시집 『기울지 않는 길』

133

내미는 손길마다
디디는 걸음마다

꽃등처럼 환해지는
저 가을 한가운데

더러는 열매로 남는
내 기도가 있습니다

이천 이십오년 유월 십오일
집민정 시조「가을 한 잔」을
시인 장충열 쓰다 □

● 장충열 시인
등단: 1996년 작품활동 시작
자선작품집: 시집『미처 봉하지 못한 밀서』

오관이 짜릿하게
팝콘처럼 뻥, 터지는

바쁜 걸음 멈춰 놓고
가벼이 건너시라

군살은 다 빠진 웃음,
구김없는 저 태산!

이천시십오년 구월 오일
깁반짐 넘 서조 「웃음 다시어트」를
장호병 쓰다.

🔴 장호병 수필가

　등단: 1984년 월간《빛》에 작품 발표

　자선작품집: 수필집 『눈부처』

뭉텅뭉텅 잘려 나간
시간들을 가늠한다

우둥키한 남아 있는
희망의 날들 위해

열어라,
문을 열어라
우른 나를 열어라

이천 이십 이년 오월 오일
김민정 시조 「빛」는
시민 전 민 쓴다

● 전 민 시인

등단: 1985년《시문학》
자선작품집: 시집 『소원의 종』

산비알 굴러 내리는
물소리를 듣는다

한 무리 양떼들이
그 물 찾아 안겨든다

내 몸을 적셔오는 것,
애잔하다, 이 모음

이천이십오년 사월 십오일
김인저 시조 「팬플루트 - 외로운 양치기」를
아동문학가 정두리 쓰다

🔴 정두리 시인·아동문학가
등단: 1982년 《한국문학》 시 신인상, 《동아일보》 신춘문예 동시
자선작품집: 동시집 『웃지 마, 난 울고 싶어』

둥글게 오무리는
가을의 글자락은

숨치지 않느래고
인간형을 쓰는 몸결

여자는 밑으로 오고
남자는 선수로 가고


이현 이집오년 삼월 오일
김선정 작 ...는 탱크시는
시인 정성수 드림

정성수 시인

등단: 1979년《월간문학》시 신인작품상

자선작품집: 시선집 『이 세상 최초 짧은시 기호시』

그래,
꼭 너처럼
이 가을에 나 취하네

새빨갛게 타더니만
샛노랗게 가무러쳐

불타던 절정의 얼굴
덩그러니 이 둘 한 채

어진 이상시인 혜원정 신만일
김민감시고 실혼추을
시인 정순영 쓰다.

● 정순영 시인

　　등단: 1974년 시전문지《풀과 별》시 추천

　　자선작품집: 시집 『사랑 "사랑"』

달빛 한 사발을
누가 건져 올리는가

차르르
물소리가
봄밤을 다 적신다

잡아도
너무 잡았던
그 밤에 스친, 술빛

이천이십사년 삼월 이십사일
김민정 시조 `홍애`를
문학평론가 정영자 쓰다

● 정영자 문학평론가 · 시인
등단: 1980년《현대문학》평론
자선작품집: 평론집『한국현대여성문학사』

청매화 가지 사이
햇살 참 부신 날은
그대 위한 고운 노래
목청 껏 부르고파

푸르른
하늘 가득히
마음
　　둥둥
　　　띄워
　　　　놓고


이천 이십 오년 유월 삼십 일
김민정 시조「청매화 피는 날」을
시조시인 정용국 쓰다.

정용국 시조시인

등단: 2001년《시조세계》신인상

자선작품집: 시조집『동두천 아카펠라』

쩌 ~엉쩡
금이 간다
오랜 날 기다림끝

아슴아슴
눈을 뜨는
갯버들 솜털의 봄

햇살에
감전된 고요
볼그족족 꽃눈 뜬다

이천이십오년 사월 오일
김민정 시조 「해빙기」를
아동문학가 정용원 쓰다

● 정용원 아동문학가·수필가
등단: 1977년《아동문학평론》동시,《자유문학》수필 신인상
자선작품집: 동시집『고향 그 옛강』

기다리던
꽃소식에
마음이 온통 달아

찻잔으로
가는 손길
그도 한참 뜨겁더니

비로소
꽃 한 송이가
내 안에서 벙근다

이천이십오년 일월 이일
김민정 시로 「기다리는 마음」을
소설가 정종명 쓰다

정종명 소설가
등단: 1978년《월간문학》소설 신인작품상
자선작품집: 소설집『숨은 사랑』

청산을　넘지 못해
물소리로　우는 강물

강물을　건너지 못해
바람소리　우는 저 산

아득히
깊고도　푸른 정
한세월을　삽니다.

이천이십사년 칠월칠 삼십일
김민정 시조「어라연 계곡」을
화가 조 강훈 쓰다.

조강훈 화가 · 예총회장

파도는 흰 깃털을
살짝 내비치다가,

달리는 말굽으로
한참을 출렁이다가,

갈기를 휘날리다가

소용돌이 치다가,

이천이십사년 십이월 십이일
김민정 시를 「바다열차」를
시인·평론가 조 명제 쓰다

● 조명제 시인 · 문학비평가
등단: 1985년《시문학》시, 계간《예술계》문학비평
자선작품집: 시집『고비에서 타클라마칸 사막까지』
평론집『한국 현대시의 정신논리』

높은 산 하늘 아래
두 팔을 벌리셨다

힘들고 지친 자들
다 품어 주신 다고

경건함 깃든 눈빛에
우러러 부는 바람

이천 이십 오년 구월 삼십일
김민정 시조 「언덕 위의 예수 - 코르코바도」를
시조시인 조 병 기 쓰다

조병기 시조시인
등단: 1972년 『시조문학』 천료
자선작품집: 시조집 『숲·일기』

당신이
가꾼 뜰에
바람이 와 머뭅니다

당신이
가꾼 뜰에
햇살이 와 잠깁니다

당신이
가꾼 뜰에서
꽃이 피어 납니다

2025년 1월 25일
김민정 시조 「어머니」를

소설가 조진태 쓰다

조진태 소설가 · 아동문학가 · 수필가
등단: 1971년 동화집 『석화』, 1976년 《월간문학》에 소설 「우적」 발표
자선작품집: 장편소설 『비목』

기척없이
다가와서
마음결이 잠기느니

첩첩이 서로 잡아
바구박구 흔드는 이

누굴까
어디로부터
백제는 숨님일까

이천이십오년 구월 십일일
김판청사초 구안개로
시조시인 지성찬 쓰다

🔴 **지성찬** 시조시인 · 화가 · 수필가

등단: 1980년 《시조문학》

자선작품집: 시조선집 『백마에서 온 편지』, 수필집 『깨끗한 그릇』

팽팽히 잘 조여진
시계 태엽 같은 봄이

목련 봉오리에
시간을 풀고 있다

그러자
흰 나비 떼가
날개 활짝 펼쳐든다

이천 이십오년 삼월
김민정시조 시인「마술」을
수필가 지연희 쓰다

● 지연희 시인·수필가
  등단: 1983년《월간문학》수필, 2003년《시문학》시
  자선작품집: 시집『메신저』, 수필집『생각의 밖에서』

해 맑은
하늘 아래
향기로운 꽃이 핀다

나처럼 웃어 보렴
나처럼 밝아 보렴

싱싱한
기쁨 한 송이
건네주고 싶은 그대


이천이십오년 삼월 이상 팔일
김 민정 시조 「기쁨 한 송이」를
시인 지은경 쓰다


지은경 시인·문학평론가
등단: 1995년《문예사조》시
자선작품집: 시집 『사람아 사랑아』, 평론집 『인식의 지평』

드높은 하늘 위료
푸른 꿈을 띄우고

선홍빛 어여쁜 숨결
뜨겁게 토해내며

가을이
부르는 노래
저 선명한 아리아

이천이십오년 구월 십일일
김민정 시조 「사록피아를
시조시인 채현병 쓰다

● 채현병 시조시인 · 서예가
등단: 2006년《시조와비평》
자선작품집: 시조집『팔일간의 축제』

# 옥류동 물빛 속에

푸른 산 우렸을까
맑은 하늘 우렸을까

별빛도 눈부신 빛
골라내어 우렸을까

헹궈 갈
마음 한 장도
그 속에다 우려본다

이천이십오년 칠월 이십 칠일
김민정 시조 「옥류동 물빛 속에」를
시인 천숙녀 쓰다

**천숙녀** 시인 · 시조시인
등단: 2000년 《현대시조》
자선작품집: 시조집 『평화의 섬, 독도』

늦가을 의림지가
가을을 탄주한다

제 빛깔로 물이 오른
오후의 햇살 아래

낙엽이 구르는 소리
현악기의 갈색 파문

이천이십오년 사월 십오일
김민정 시조 「타이스 명상록」을
아동문학가 최균희 쓰다

**최균희** 아동문학가 · 소설가
등단: 1975년《조선일보》신춘문예 동화
자선작품집: 동화집『아기 참새』, 소설집『라인강의 푸른 날개』

축 트는
난 향기가
입춘 안부 묻는 날은

그 연초록
무게만큼
봄빛 사랑 안겨오고

떠나간
수많은 길도
글썽 글썽 돌아온다

이천이십오년 사월 십오일
김민정 시조 「봄의 풀대를
시인 최금녀 쓰다

🔴 **최금녀 시인**

등단: 1998년《문예운동》

자선작품집: 시집 『기둥들은 모두 새가 되었다』

바람은 강물을 품고
강물은 바람을 품고

나는 가만 너를 품고
너 또한 나를 품고

그 온기, 참 따스하다
내 발치를 적시는 비

이천 이십오년 사월 오일
김민정 시조「이슬비」를,
小說家 최성배 씀.

🔴 최성배 소설가
  등단: 1986년《동촌문학》에 단편「도시의 불빛」발표
  자선작품집: 소설집『나비의 뼈』

바람결에 안겼다가
그 바람을 뱉는 꽃잎

수천의 나비떼가
나래를 펼쳐 놓아

하늘 다 가려 놓았다
빈틈없이. 저 벚꽃!

이천이십오년 삼월이십오일
김민정 시조 「꽃 편지」를
시조시인 최순향 쓰다

🔴 **최순향** 시조시인
　등단: 1997년 《시조생활》
　자선작품집: 시조집 『옷이 자랐다』

내 사랑은
진천흙 길
그대는 알잖아요

비가 와도
눈이 와도
가야할 길 간다는 걸

꽃샘이
추위 속에도
고진하게 핀다는 걸

어쩐 이침사면 응원받아입
긴 민 집 시꼬「메라챤기 마팥에 날리고 되흐
소설가 최외득 쓰다.

최외득 시인 · 소설가 · 문학평론가
등단: 2012년《문학저널》소설
자선작품집: 소설집『월식인간』

남한강과
북한강이
서로 만나 얼싸안는

두물머리
이곳에서
우리 사랑 세워가자

천천히
아우르면서
서로 깊게 흐르는 법

이천이십오년 삼월 이십삼일
김민정 시조 「두물머리」를
수필가 눈섬 최원현 쓰다.

● **최원현** 수필가 · 문학평론가
등단: 1989년《한국수필》수필, 2008년《조선문학》평론
자선작품집: 수필집『날마다 좋은 날』

둘레끼와 흥기린 사이
나 살던 산골짜역

꿈결 같은 기적소리
가슴에나 몰렀는데

가끔씩
기차바퀴가
덜커덕, 께나 간다.

어린 이십 여면 이룩 이십육말
김민정 시조 「반자죽」을
아동문학가 하청호 쓴다.

🟠 하청호 아동문학가 · 시인
등단: 1973년《동아일보》동시, 1976년《현대시학》시
자선작품집: 동시집『잡초뽑기』, 시집『다비노을』

영 산홍
꽃 빛보다
더 붉게 타올랐리

비 온 후
산 허리 감도는
안개 처럼 피어 났기

하동 땅
회시뒤 눈썹보다도
한 뼘쯤은 더 깊게


이천 이십모번 구월 십일일
김민정 시조 「그대 그리운 날 본」 을
소설가  한말숙  쓰다

🔴 한말숙 소설가
등단: 1957년《현대문학》
자선작품집: 장편소설집『아름다운 영가』

싱싱한 네 웃음으로
세계는 동이 튼다

싱싱한 네 웃음으로
세상은 눈부시다

싱싱한 네 웃음으로
인생은 아름답다

이천이십오년 삼월 이십삼일
김민정 시조 「꽃」을
시조시인 한분순 쓴다

● 한분순 시조시인 · 시인
등단: 1970년《서울신문》신춘문예 시조
자선시조집: 시조집 『저물 듯 오시는 이』

비가 오면
비가 와서
그리운 사람이여

눈이 오면

눈이 와서

보고픈 사람이여

마음에

늘 그여와서는
떠나잖는 당신이여

이천 이십오년 사월 십구일
김민정 시조 「사랑」을
시조시인 한휘준 쓰다.

한휘준 시인 · 시조시인
등단: 2004년《시사문단》시조
자선작품집: 시조집『목련꽃 그늘에서』

누구의 방묵인가
푸르게 굽틀댄다

묵초지를 따라가니
열려오는 바람길

가끔은 건조한 방묵
냇가에 담가본다

이천 이십오년 사월 십오일
지리정 시로 굽튼
시인 허영자 쓴다

허영자 시인
등단: 1962년《현대문학》추천
자선작품집: 시선집『허영자 시선집』

마음이 외로울 땐
큰 나무 곁에 선다

무수한 가지와 잎
흔들리고 흔들리며

안으로
감는 나이테
나의 사랑, 나의 길

이천이십오년 삼월 이십삼일
김민정 시조 「때때로」를
시인 허형만 쓰다

🔴 허형만 시인
등단: 1973년 《월간문학》 시 신인작품상
자선작품집: 시집 『영혼의 눈』

쌓은 것이 아니라
하늘이 내려준 돌

신에게 간구하듯
촘촘히 맞물려서

저 석벽
대의 띠미로
신의 잠을 청한다

이천이십오년 구월 십일
김민정 시조 「삭사이와만」을
시인 홍금자 쓰다

● 홍금자 시인

등단: 1987년《예술계》

자선작품집: 시집『키오스크에 시간을 올리다』

밝별이 내려온 듯
여름날 반딧불이

하나둘 품어 안아
호박꽃에 넣곤 했다

지금도 눈을 감으면
한 눈금씩 키가 크던

이천이십오년 삼월 이십오일
김민정 시조 「부룩쳐」를
아동문학가 홍성훈 쓰다

● 홍성훈 아동문학가 · 시인
등단: 1998년 《아동문학세상》 동화
자선작품집: 동화집 『아버지를 사 가세요』

흔들지 마
흔들지 마
가지 끝에 앉은 고독

와 르르
무너져서
네 께로 쏟아질라

점 점이
흐르는 불빛
불빛 물고 흐르강


이천 이십 오년 삼월 이십오일
김 민 정 시조 『여인』을
시인 홍 중 기 쓰다

● 홍중기 시인

등단: 1982년 시집 『아기 걸음마』

자선작품집: 시집 『패랭이꽃은 언덕 위에 피고』

# 김민정
## (金珉廷, Kim Min-Jeong)

## 약력

- 시인(시조), 수필가, 문학박사(성균관대학교 국어국문학과)
- 상지대학교 대학원 강사 역임
- 서울 중등 국어 교사 34년 봉직
- 1985년《시조문학》창간 25주년기념 지상백일장 장원 등단
- **현재** 한국문인협회 부이사장(상임이사, 월간문학 편집주간 겸임)
  한국문화예술총연합회 이사, 국제펜한국본부 이사,
  한국여성문학인회 이사, 한국현대시인협회 회원,
  한국시조시인협회 중앙자문위원, 한국여성시조문학회 고문

## 저서

- **시조집** 『나, 여기에 눈을 뜨네』,『지상의 꿈』,『사랑하고 싶던 날』,
  『영동선의 긴 봄날』,『백악기 붉은 기침』,『바다열차』,
  『모래울음을 찾아』,『누가, 앉아 있다』,『창과 창 사이』,
  『함께 가는 길』,『꽃, 그 순간』『펄펄펄, 꽃잎』
  『함께여서 좋은 Good Together』(3인시조집),
  『꽃, 그 순간』(베트남 출간)

- **엮음집** 『해돋이』(영문번역시조집, 303명 참여)
  『시조, 꽃 피다』(스페인어번역시조집, 333명 참여)
  『시조 축제』(영어·아랍어번역시조집, 303명 참여)
  『교과서에 실어도 좋을 단시조』(527명 참여)
  『교과서에 실어도 좋을 연시조』(573명 참여)

- **수필집** 『사람이 그리운 날엔 기차를 타라』
- **평설집** 『모든 순간은 꽃이다』,『시의 향기』
- **논문집** 『현대시조의 고향성』,
  『사설시조 만횡청류의 수용과 변모 양상』

## 수상

나래시조문학상, 시조시학상, 선사문학상, 김기림문학상,
한국문협작가상, 월하문학상, 성균문학상,
대한민국예술문화대상, 한국여성문학상, 박양근문학상 외

E-mail : sijokmj@hanmail.net | blog : https://sijokmj.tistory.com

# About Poet Kim Min-jeong

Kim Min-jeong is a sijo poet and essayist. She received her Ph.D. in Korean Literature from Sungkyunkwan University and has taught as a lecturer at Sangji University Graduate School. She taught Korean at several middle schools in Seoul for 34 years. She debuted as a sijo poet in 1985 by winning first prize at the sijo writing contest held to commemorate the 25th anniversary of Sijo Literature.

She currently serves as Vice President, Executive Director, and Editor -in-Chief of the Korean Writers' Association. In addition, she is a director of the Korea Federation of Culture and Arts, International PEN/Korean Center and the Korean Women Writers' Association, a member of the Korean Modern Poets Association, a consultant of the Korean Sijo Poets Association, and an advisor to the Korean Women's Sijo Literature Society.

## ▪ Collections of Sijo Poems
- *I Awaken Here* · *Dreams on Earth* · *The Day I Longed to Love*
- *The Long Spring Days of the Yeongdong Line*
- *The Red Cough of the Cretaceous* · *Sea Train*
- *In Search of the Crying Sands* · *Someone Is Sitting*
- *Between Windows* · *Going Together* · *Flowers, That Moment*
- *Fluttering Petals* · *Good Together (collection by three poets)*
- *Flowers, That Moment (published in Vietnam)*

## ▪ Edited Collections
- *Sunrise (sijo collection in English translation, by 303 poets)*
- *Sijo, Blooming Flowers (sijo collection in Spanish translation, by 333 poets)*
- *Sijo Festival (sijo collection in English and Arabic translation, by 303 poets)*
- *Sijo for Textbooks: Short Sijo (by 527 poets)*
- *Sijo for Textbooks: Sequential Sijo (by 573 poets)*

## ▪ Collection of Essays
- *Take the Train When You Miss People*

## ▪ Commentary Collections       ▪ Research Papers
- *Every Moment Is a Flower*      · *The Sense of Hometown in Modern Sijo*
- *The Scent of Poetry*           · *Reception and Transformation of the*
                                  · *Narrative Sijo 'Manhoengcheonglyu'*

## ▪ Literary Awards
- Narae Sijo Award · Sijosihak Award · Seonsa Literary Award
- Kim Gi-rim Literary Award · Korea Writers' Association Award
- Wolha Literary Award · Sungkyun Literary Award
- Korea Arts and Culture Grand Award · Korean Women's Literary Award
- Park Yang-geun Literary Award

E-mail : sijokmj@hanmail.net  |  blog : https://sijokmj.tistory.com

문인육필 김민정 시집_ 들었다

초판 인쇄 | 2025년 9월 25일
초판 발행 | 2025년 10월 2일

—

지 은 이 | 김민정
발 행 인 | 김호운
주　　간 | 김민정

—

펴낸곳 | (사)한국문인협회 月刊文學 출판부
주소 | 서울시 양천구 목동서로 225 대한민국예술인센터 1017호
전화 | 02-744-8046~7
팩스 | 02-743-5174
이메일 | klwa95@hanmail.net
등록 | 2011년 3월 11일 제2011-000081호
ISBN 978-89-6138-562-6 03810

—

값 20,000원

—